LAS MATEMÁTICAS DE CTIAM

BY THERESA EMMINIZER

Gareth Stevens
PUBLISHING

Please visit our website, www.garethstevens.com. For a free color catalog of all our high-quality books, call toll free 1-800-542-2595 or fax 1-877-542-2596.

Cataloging-in-Publication Data
Names: Emminizer, Theresa.
Title: Las matemáticas de CTIAM / Theresa Emminizer.
Description: New York : Gareth Stevens Publishing, 2024. | Series: What is STEAM? | Includes glossary and index.
Identifiers: ISBN 9781538291023 (pbk.) | ISBN 9781538291030 (library bound) | ISBN 9781538291047 (ebook)
Subjects: LCSH: Mathematics–Juvenile literature. | Mathematicians–Juvenile literature.
Classification: LCC QA40.5 E46 2023 | DDC 510–dc23

Published in 2024 by
Gareth Stevens Publishing
2544 Clinton Street
Buffalo, NY 14224

Designer: Leslie Taylor
Editor: Theresa Emminizer
Translator: Michelle Richau

Photo credits: Series Art (background art) N.Savranska/Shutterstock.com; Cover Ground Picture/Shutterstock.com; p. 5 Rido/Shutterstock.com; p. 7 Sinn P. Photography/Shutterstock.com; p. 9 Evgeny Atamanenko/Shutterstock.com; p. 11 Joyseulay/Shutterstock.com; p. 13 Ground Picture/Shutterstock.com; p. 15 Artmim/Shutterstock.com; p. 17 wavebreakmedia/Shutterstock.com; p. 19 Christin Lola/Shutterstock.com; p. 21 ja-aljona/Shutterstock.com.

CPSIA compliance information: Batch #CSGS24: For further information contact Gareth Stevens at 1-800-542-2595.

Find us on

CONTENIDO

Palabras en **negrita** aparecen en el glosario.

Estudiando CTIAM

CTIAM significa las ciencias, la tecnología, la ingeniería, el arte, y las matemáticas. A menudo, estas materias se superponen. Todo de CTIAM es sobre **explorar** y aprender sobre el mundo. En este libro, aprenderás sobre las matemáticas de CTIAM.

¿Qué son las matemáticas?

Las matemáticas son el estudio de los números. Usamos las matemáticas para ayudarnos entender el mundo que nos rodea. A veces, las personas que practican las matemáticas se llaman matemáticos. ¡Pero si lo sabe o no, cada persona usa las matemáticas cada día de su vida!

2 + 4 = 6

0 + 3 = 3

3 + 3 = 6

2 + 3 = 5

1 + 1 = 2

0 + 7 = 7

5 + 1 = ____

4 + 3 = ____

1 + 3 = ____

2 + 0 = ____

4 + 1 = ____

3 + 1 = ____

5 + 2 = ____

1 + 0 = ____

2 + 1 = ____

10 + 0 = ____

0 + 9 = ____

6 + 2 = ____

7 + 3 = ____

1 + 3 = ____

7 + 1 = ____

Matemáticas por todas partes

Las matemáticas están por todas partes. Usamos las matemáticas para hacer la comida. Usamos las matemáticas para jugar deportes. ¡Usamos las matemáticas para construir edificios, hacer arte, y saber la hora! Las matemáticas son una de las herramientas más importantes que tenemos.

Los matemáticos

Por que usamos las matemáticas en muchas maneras diferentes, los matemáticos pueden trabajar en muchos campos diferentes. Después de todo, ¡la mayoría de trabajos que **implican** los números también implican las matemáticas! Algunos matemáticos trabajan en las finanzas, que significa que ellos se encargan del dinero y como se lo gasta.

Las matemáticas aplicadas

Las matemáticas aplicadas son una manera de usar las matemáticas para resolver problemas en varios campos, como la ingeniería, la **física**, o las **ciencias de la computación**. Significa aplicar, o usar, las ideas matemáticas para buscar **patrones** y crear, o generar, maneras nuevas de hacer las cosas.

Crear algoritmos

Un algoritmo es una serie de pasos que se usa para resolver un problema. En las matemáticas, los algoritmos son como las **recetas**. Sigues los pasos para encontrar la respuesta que necesitas. A menudo, se usa los algoritmos en las ciencias de la computación.

Hacer modelos

Los matemáticos usan **modelos** para estudiar problemas y hacer suposiciones sobre que puede pasar en el **futuro**. A veces, se usa estos modelos en el campo de la salud. ¡Un médico puede usar un modelo matemático para ayudarle diagnosticar, o determinar qué problema tiene una persona enferma!

Habilidades de las matemáticas

¡Ser matemático significa más que solo ser bueno con los números! Los matemáticos también necesitan pensar creativamente. Necesitan hacer preguntas. Sobre todo, necesitan seguir probándolas. Buscar las respuestas significa nunca darse por vencido.

¿Eres matemático?

¿Te encantan los números? ¿Piensas creativamente? ¿Buscas patrones o maneras mejores de hacer las cosas? ¡Se puede usar las matemáticas en muchas maneras diferentes para hacer muchas cosas diferentes! ¿Son las matemáticas el camino para ti?

GLOSARIO

ciencias de la computación: El estudio de las computadoras.

explorar: Buscar para encontrar nuevas cosas.

física: Una rama de las ciencias que estudia la naturaleza, la materia, y la energía.

futuro: Que pasará.

implicar: Usar o tener que ver con.

modelo: Un ejemplo de algo.

patrón: Una forma de hacer algo repetidamente.

receta: Una serie de pasos seguir para hacer la comida.

MÁS INFORMACIÓN

LIBROS

Brundle, Joanna. *Classroom to Career: My Job in Math.* New York, NY: PowerKids Press, 2022.

Keppeler, Jill. *STEM Projects in Minecraft: The Unofficial Guide to Using Math in Minecraft.* New York, NY: PowerKids Press, 2020.

SITIOS WEB

Amiguitos de matemáticas

www.sciencebuddies.org/stem-activities/subjects/pure-mathematics
¡Probar estas actividades divertidas de las matemáticas de Science Buddies!

Patio de recreo de matemáticas

www.mathplayground.com/
¡Divertirse por jugar los juegos de matemáticas!

ÍNDICE